BEI GRIN MACHT SICH I
WISSEN BEZAHLT

- Wir veröffentlichen Ihre Hausarbeit,
  Bachelor- und Masterarbeit

- Ihr eigenes eBook und Buch -
  weltweit in allen wichtigen Shops

- Verdienen Sie an jedem Verkauf

Jetzt bei www.GRIN.com hochladen
und kostenlos publizieren

Bibliografische Information der Deutschen Nationalbibliothek:

Die Deutsche Bibliothek verzeichnet diese Publikation in der Deutschen National-
bibliografie; detaillierte bibliografische Daten sind im Internet über http://dnb.d-
nb.de/ abrufbar.

Impressum:

Copyright © 2008 GRIN Verlag, Open Publishing GmbH
Druck und Bindung: Books on Demand GmbH, Norderstedt Germany
ISBN: 9783640603992

Marko Haschej

Attacken und Gegenmaßnahmen

Informationsabfragen und Recommender Systeme

GRIN Verlag

Attacken und Gegenmaßnahmen – Informationsabfragen und Recommender Systeme

Marko Haschej

Alpen-Adria-Universität Klagenfurt

Universitätsstraße 65-67, 9020 Klagenfurt

ABSTRACT

In this paper I describe several attacks and remedies on collaborative recommendation systems and information retrieval systems in particular the websearch-engine Google. The paper also includes and compares different types of attacks and whose remedies. Furthermore I consider and compare the costs and benefits of several attacks on Recommendation Systems.

Schlüsselwörter

Attacke, Abhilfe, Empfehlungssystem, Websuche, Informationsabfrage, online.

EINLEITUNG

Im Zeitalter der Informationstechnologie wird ein Großteil von Informationen zu Produkten, aber auch zu allen anderen Bereichen, mittels elektronischer, meist online verfügbarer, Hilfsmittel und -systeme zur Verfügung gestellt und vom User bzw. Kunden auch in Anspruch genommen. Daraus ergibt sich für Unternehmen die Möglichkeit Kunden und Usern Informationen zukommen zu lassen, welche für sie sonst eher verborgen bleiben würden. Dadurch können Kaufentscheidungen oft beeinflusst werden. Verfälschte und unkorrekte Informationen (Bewertungen, Meinungen, Testergebnisse, allgemeine Informationen etc.) können den User implizit zu falschen Kaufentscheidungen drängen.

Aber nicht nur im Bereich der Online-Shopping-Malls werden diese Systeme angewandt und sind aufgrund diverser Schwächen beeinflussbar, auch die alltägliche Informationssuche im Internet, mittels uns allen bekannter Suchmaschinen wie z. B. Google, kann und wird durch Websitebetreiber und Hacker beeinflusst. Die Gründe dafür sind nicht immer kommerzieller Natur. Jeder Websitebetreiber versucht im PageRanking von Google ein möglichst zufriedenstellendes Ergebnis zu erzielen und bedient sich dabei bekannter Mittel und Methoden, um eine möglichst Google-konforme Website zu publizieren. Google wurde aber auch schon für Attacken auf Personen (meist Politiker etc.) in Form von „Google-Bomben" ge- und benutzt.

In der vorliegenden Arbeit werden zunächst Recommender Systeme allgemein diskutiert und vorgestellt. Ein weiterer Punkt dieser Bakkalaureats-Arbeit ist die kurze Vorstellung der Arbeitsweise von Informationsabfragesystemen, im Speziellen Online Suchmaschinen wie z. B. Google. Darauf basierend wird im nächsten Teil auf verschiede Typen von Attacken und Gegenmaßnahmen im Falle dieser Attacken eingegangen. Dabei werden Effektivität, Aufwand, Effizienz und Erfolgsaussichten verglichen. Daraus resultierende Abwehrmechanismen und Mechanismen zum Aufspüren werden im darauf folgenden Kapitel beleuchtet und diskutiert. Abschließend wird ein Kosten- / Nutzenvergleich, basierend auf den Untersuchungen von Neil J. Hurley, Michael P. O'Mahony, und Guenole C.M. Silvestre vom University College Dublin, durchgeführt.

Recommender Systeme

Ein Recommender System bezeichnet eine Software, deren Aufgabe darin besteht, dem Benutzer auf Grundlage seiner Präferenzen eine Empfehlung, z.B für einen Artikel, ein Produkt oder eine Website, zu geben. Dazu benötigt es zum einen die ungefilterten Hintergrunddaten und als weiteren Input, Informationen über den User. Das Recommender System ist nun ein Algorithmus, der diese Daten kombiniert und als Ergebnis personalisierte Empfehlungen generiert. [2]

Recommender Systeme machen sich die Meinung einer Community zu Nutze um Einzelpersonen (Individuen) in dieser Community dabei behilflich zu sein, den gesuchten Inhalt in der unermesslichen Auswahl heraus zu filtern. [27]

Im Allgemeinen lassen sich Recommender Systeme in zwei Klassen aufteilen. Zum einen kennen wir *nicht-personalisierte*, zum anderen *personalisierte* Systeme. Bei nichtpersonalisierten Systemen werden allen Usern, meist auf einer Durchschnittsberechnung dieser User basierend, die selben Empfehlungen ausgesprochen. [20]

1

In dieser Arbeit geht es aber vor allem um personalisierte Recommender Systeme, bei denen für jeden User ein Profil erstellt wird und aufgrund seiner Präferenzen Empfehlungen generiert werden. Abbildung 1 zeigt die grundsätzliche Einteilung von Recommender Systemen. Für uns interessant sind primär das Collaborative Filtering sowie am Rande auch das content-based Filtering. Beim content-based Filtering werden Empfehlungen nicht auf der Grundlage von Regeln ausgesprochen, sondern es werden Objekte gesucht, die denen für die sich der User in der Vergangenheit interessiert hat, ähnlich sind. Man spricht in diesem Zusammenhang auch von item-to-item correlation. [20]

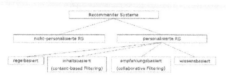

Abbildung 1: Klassifizierung von Recommender Systemen [20]

Die, wie schon gesagt, am häufigsten verwendeten und am häufigsten auftretenden Algorithmen von Recommender Systemen sind entweder userbasiert oder itembasiert: [7]

1. Der userbasierte Algorithmus bildet für jeden User eine „benachbarte" Usergruppe, mit Usern die ähnliche Meinungen (Bewertungen etc.) vertreten. Bewertungen dieser User wirken sich dann für den primären User in Form von Empfehlungen aus.

2. Der zweite Recommender System Algorithmus basiert auf den Items, d. h. angebotenen Produkten im System. Dabei werden ähnliche Produkte berücksichtigt und zur Berechnung herangezogen um danach anhand der Ähnlichkeiten sowie Bewertungen dem User empfohlen zu werden.

Die erfolgreichste Form der Recommender Systeme, das Collaborative Filtering, wurde in den letzten 15 Jahren entwickelt und immer wieder verbessert. Mittlerweile besteht eine Unzahl verschiedener Algorithmen und Systeme die diese Idee der Empfehlung, in Form elektronischer Empfehlungen, verkörpert. Bei der Frage, welche Methode nun tatsächlich die beste ist, gehen die Meinungen der Forscher weit auseinander, da nicht klar definiert werden kann, nach welchen Maßeinheiten Empfehlungen berechnet und bewertet werden sollen. [12]

Collaborative-Filtering Recommender Systeme (CFRS) sind eine elektronische Erweiterung der täglich stattfindenden Empfehlungen in diversen Verkaufs- und Informationsapparaten. Menschen sammeln Informationen und Daten zu diversen Produkten in allen Bereichen und entscheiden sich, früher oder später, für eines dieser Produkte. CFRS sollen dem User die benötigten Informationen sowie Entscheidungshilfen, d. h.

Empfehlungen, liefern, anhand welcher er danach seine Produkte kauft. [25]

Typische Recommmender Systeme erhalten und akzeptieren Anfragen von einem User, werten die Bedürfnisse, das Verhalten, Suchprofile sowie inhaltliche Informationen des Users aus, um personalisierte Empfehlungen abzugeben. [1]

Recommender Systeme werden grundsätzlich von drei Benutzergruppen genutzt. Diese teilen wir in: [13]

- *End User* sind die primären User eines Recommendation Systems. Die Zufriedenheit der Endverbraucher hängt von der Qualität und Genauigkeit der Empfehlungen ab, sowie davon ob die Geschmäcker und Vorlieben der Endverbraucher getroffen werden.

- *System Inhaber* sind hauptsächlich mit dem System an sich betraut. Im Interesse der Inhaber des Systems liegt primär das Aufrechterhalten und die Attraktivität des Systems, weniger aber die Genauigkeit bzw. Korrektheit der Empfehlungen.

- *Interessierte Dritte* haben hingegen konkretes Interesse an der Arbeitsweise und Funktionalität von Transaktionen bzw. Empfehlungen. Beispielsweise ist der Autor oder der Verlag eines Buches, welches in einem System angeboten und daher auch empfohlen wird, daran interessiert, wie man häufiger und gezielter unter den Empfehlungen aufscheint.

Online Informationsabfragesysteme - Suchmaschinen

Die Zahl der Websites im Internet steigt. Vertraut man den Untersuchungen des Internet Systems Consortiums, Inc., hat sich die Zahl der betriebenen Internetseiten von Jänner 2004 mit ca. 233 Millionen bis Juli 2007 auf ca. 489 Millionen mehr als verdoppelt. [16] Aufgrund dieser Zahlen und Berichte ist es nahe liegend, dass das Suchen und Finden relevanter Daten und Websites im Internet stetig komplexer wird. Laut Studien im Jahr 2004 suchen 56,3% aller Internetuser täglich zumindest einmal im Internet nach relevanten Informationen und Daten. [1, 16] Hingegen schauen nur noch 33%, d. h. weitaus weniger, auf die zweite Seite einer Internetsuchmaschine. [1]

Eine mögliche Antwort auf die steigende Komplexität im Bereich des Information-Retrieval ist der Einsatz von Recommender System basierten Methoden und Algorithmen. Basierend auf Userdaten und Profilen, sprich personalisierter Suche, können Suchmaschinen immer bessere Suchergebnisse liefern. [1]

Ein typisches Recommender System übernimmt Anfragen eines Users und wertet seine Bedürfnisse, Verhaltensmuster, Suchprofile und inhaltliche Informationen aus um personalisierte Empfehlungen abzugeben. Im Bereich der Websuche gibt es dabei hauptsächlich zwei angewandte Methoden: Systeme die mit den Inhalten von Websites handeln und Systeme die kollaborative Methoden anwenden. [6, 7, 17, 29]

Google

Die Suchmaschine Google, welche heute und schon seit längerem die Marktführerschaft im Bereich der Websuche inne hat, wird von der Firma Google Inc., die 1998 von Larry Page und Sergey Brin gegründet wurde, betrieben. Auf Grund qualitativ hochwertiger Suchergebnisse und, im Vergleich zu anderen Suchmaschinen, schnelleren Antwortzeiten der Suchanfrage entwickelte sich Google in nur wenigen Jahren zum Marktführer unter den Suchmaschinen. [32] Im Jahr 2000 verfügte Google laut Hennesy und Patterson über 6000 Prozessoren und 12000 Festplatten mit einer Gesamtkapazität von ca. 1 Petabyte. Somit war Google das System mit der größten Speicherkapazität im zivilen Sektor. Im Gegensatz zu anderen Systemen verwendet Google keine großen RAID Systeme. Vielmehr betreibt Google in den verschiedensten Ländern eigenständige Rechenzentren, in denen relativ günstige PCs mit Standardkomponenten zu einem Cluster zusammengeschlossen sind. Jedes Rechenzentrum ist eigenständig und kann Suchanfragen anderer Rechenzentren übernehmen. In den Rechenzentren selbst sind die Daten vielfach redundant auf verschiedenen PCs gespeichert. Sollte ein PC ausfallen, so wird ein Ersatzgerät in den laufenden Betrieb eingehängt und die fehlenden Daten werden automatisch kopiert. Das so entstehende System ist sehr gut skalierbar, da bei Bedarf einfach neue PCs in den Cluster gehängt werden können. Als Betriebssystem wird bei Google eine modifizierte Version von Linux Red Hat verwendet. Programmiert wurde die Software vorwiegend in C, C++ und Python. [11]

Im April 2004 bestehen die Rechenzentren von Google bereits aus über 63000 Rechner mit 127000 Prozessoren. Zusammengerechnet macht die Systeme ca. 127 Terabyte RAM und 5 Petabyte Festplattenkapazität. Mittlerweile dürften sich die Kapazitäten wiederum vervielfacht haben. [32]

FUNKTIONSWEISE VON RECOMMENDERSYSTEMEN UND WEBSEARCHENGINES

In diesem Kapitel wird auf Funktionsweisen, Algorithmen (soweit sie bekannt und nachvollziehbar sind) und Methoden in Recommender Systemen und Suchmaschinen eingegangen.

Recommender Systeme

Das Collaborative Filtering passiert im Wesentlichen in drei Schritten. Im ersten wird die Ähnlichkeit zu den anderen Usern definiert, entweder direkt über ein Ähnlichkeitsmaß, oder indirekt über die Distanz. Anschließend werden aus allen Usern die Mentoren bzw. Nachbarn, also die besonders ähnlichen User, ausgewählt. Diese müssen neben möglichst vielen Überlappungen mit dem Profil des aktiven Users noch mindestens ein weiteres Objekt bewertet haben. Mithilfe der Mentoren wird im dritten Schritt die Empfehlung für den aktiven User berechnet. [20]

Die Art der Berechnung von Ähnlichkeiten und Empfehlung hängt von den eingesetzten Techniken ab,

welche sich in *speicher- und modellbasierte Verfahren* unterteilen. Bei den speicherbasierten Verfahren werden alle Berechnungen auf der kompletten Datenmatrix durchgeführt, während die modellbasierten Techniken die Datenmatrix verwenden um offline ein Modell zu schätzen bzw. zu erlernen. Online, also zur Laufzeit, muss dann nur noch auf das Modell und nicht mehr auf den kompletten Datenbestand zugegriffen werden. [20]

In beiden Fällen wird eine *Datenmatrix V* benötigt. Diese speichert die Userprofile und hat die Dimension $M \times N$, wobei M die Anzahl der User und N die Anzahl der Objekte bzw. Produkte definiert. Ein Eintrag v_{ij} stellt damit die Bewertung des Nutzers i für das Produkt j auf einer Skala $0...t$ dar, $\circ$ steht für ein noch nicht bewertetes Produkt. Jede Zeile v_i in der Datenmatrix entspricht somit einem Nutzerprofil, in dem für den Benutzer i die individuellen Bewertungen für die Produkte $1...N$ gespeichert sind. [20]

$$V = (v_{ij})_{M,N} = \begin{bmatrix} v_{11} & \cdots & v_{1j} & \cdots & v_{1N} \\ \vdots & & \vdots & & \vdots \\ v_{i1} & \cdots & v_{ij} & \cdots & v_{iN} \\ \vdots & & \vdots & & \vdots \\ v_{M1} & \cdots & v_{Mj} & \cdots & v_{MN} \end{bmatrix} \in \{0,...,t,\circ\}^{M \times N}$$

Abbildung 2: Beispiel der Datenmatrix V [20]

Speicherbasierte Verfahren

Beim Anwenden speicherbasierter Verfahren werden zunächst alle Einträge der Datenmatrix für Berechnungen benötigt. Die daraus resultierenden Ähnlichkeiten bestimmt und in einer eigenen Tabelle gespeichert. Das Beispiel einer Datenmatrix wird in Abbildung 3 gezeigt. Abbildung 4 zeigt die dazugehörige Tabelle mit den Ähnlichkeiten der User. [20]

	Shrek	IceAge	Rambo	Batman	StarWars
Nutzer1	5	-	1	2	5
Nutzer2	3	5	-	4	5
Nutzer3	3	2	4	4	3
Nutzer4	5	4	1	2	4
Nutzer5	4	3	2	-	5

Abbildung 3: Datenmatrix [20]

Mithilfe eines Schwellenwertes werden daraus die Mentoren berechnet bzw. ausgewählt. Diese bieten nun die Grundlage für Empfehlungen im System. [20]

Algorithmen die bei speicherbasierten Verfahren zum Einsatz kommen, sind verhältnismäßig einfach und ermöglichen ein relativ einfaches Hinzufügen neuer Daten. Durch neue User und Produkte, welche immer in neuen Zeilen bzw. Spalten angelegt werden, erreicht die Datenmatrix jedoch relativ schnell eine Größe bei der Berechnungen sehr speicher- und zeitintensiv werden. Aus Gründen der Effizienzsteigerung wird daher oft, und vor

3

allem in letzter Zeit, das modellbasierte Verfahren untersucht und angewandt. [20]

	Nutzer2	Nutzer3	Nutzer4	Nutzer5
Nutzer1	0.00	-0.47	0.97	0.77
Nutzer2		0.85	-0.52	0.00
Nutzer3			-0.65	-0.18
Nutzer4				0.85

Abbildung 4: Tabelle mit Ähnlichkeiten zwischen den Usern [20]

Modellbasierte Verfahren

Die Idee hinter modellbasierten Algorithmen ist die, dass auf Basis der Bewertungen in der Datenmatrix ein Modell offline berechnet wird, so dass die online stattfindende Berechnung nur noch auf das bereits bestehende Modell zugreifen muss. Dieser Schritt erfolgt zur Laufzeit und ist im Normalfall wesentlich schneller, als die Onlineberechnung. Das Aussehen eines solchen Modells hängt stark vom eingesetzten Verfahren ab. [20]

Das am meisten verbreitete, modellbasierte Verfahren ist die Clusteranalyse, also eine Reduzierung der Datenmatrix auf wenige Interpretationseinheiten, die sog. Cluster [30]. Die Idee dabei ist, dass unter den Usern bestimmte Gruppen (Cluster) entstehen, in welchen meist sehr ähnliche Bewertungen abgeben werden und somit zusammengefasst werden können. Ein Collaborative Filtering System würde nun zunächst als offline stattfindende Berechnung die Clusteranalyse durchführen, also eine Einteilung der User in Klassen vornehmen. Das Ziel dabei ist es eine Userauswahl zu treffen, bei der User desselben Clusters besonders ähnlich, zu Usern aus anderen Clustern aber möglichst unähnlich sind. [20]

Nachdem diese Klassen bzw. Cluster in der Vorbereitungsphase, d. h. offline, erstellt wurden, muss das System zur Laufzeit den aktuellen User nicht mehr mit allen anderen Usern vergleichen, sondern nur noch mit einem Repräsentanten aus den anderen Clustern. Repräsentanten können entweder äußerst repräsentative User oder virtuelle User, gebildet aus dem Schwerpunkt des Clusters, sein. Es wird also nicht mehr der ähnlichste Nutzer gesucht, sondern das ähnlichste Cluster. Als Mentoren könnten nun alle User des ähnlichsten Clusters gewählt werden, bei größeren Clustern empfiehlt sich aber eine zusätzliche Suche nach den darin ähnlichsten Usern. [20]

Vorteil aller modellbasierten Verfahren sind die deutlich schnelleren Berechnungen zur Laufzeit. Nachteil dabei ist jedoch, der Informationsverlust durch die Reduzierung der Datenmatrix auf ein Modell, das sich in schlechteren Empfehlungen äußert. Außerdem muss bei diesem Modell beim Hinzufügen neuer Daten immer überprüft werden, ob sich Auswirkungen auf das Modell ergeben und eventuell eine Neuberechnung gestartet werden muss. [20]

Suchmaschinen

Suchmaschinen sind Online-Dienste die mittels sog. Indizierprogramme wie z. B. Such-Algorithmen, Crawler, Robots, Spider etc., automatisch und in regelmäßigen Abständen Websites aufspüren, indizieren und erschließen. Die Indizierung sieht vor, dass eine Suchmaschine, z. B. Google, gefundene Seiten mit Schlüsselwörtern in Form von Meta-Tags, Titles, Domains sowie Volltext der gefundenen Seite in Datenbanken ablegt. In weiterer Folge werden auch alle Links weiterverfolgt, was zu einer Katalogisierung großer Bereiche des Internets führt. [23]

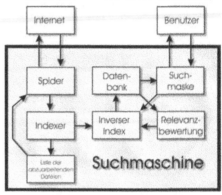

Abbildung 5: Schematischer Aufbau einer Suchmaschine [32]

Wie Abbildung 5 zeigt bestehen die gängigen Suchmaschinen heute aus folgenden Komponenten: [32]

- Spider
- Indexer
- Inverser Index
- Datenbank
- Interface zu Usern
- Algorithmus.

Spider: Web-Spider besuchen Websites und legen diese in Datenbanken ab. Eine Suchmaschine verwaltet eine Liste mit den ihr bekannten URLs. Falls die Spinne auf einer von ihr besuchten Seite eine URL findet die noch nicht in dieser Liste eingetragen ist, wird diese URL zur Liste hinzugefügt. Das Steuern von Web-Spidern seitens der Websitebetreiber ist mittels "robots.txt"-Dateien möglich. In dieser Datei werden Dateien bzw. Seiten einer Website für Spider freigegeben oder gesperrt. [32]

Indexer: Das Indexer-Subsystem durchsucht die von der Spinne besuchten Seiten nach bestimmten Schlüsselwörtern. Ferner wird die gerade besuchte Seite auf Links zu weiteren Seiten geprüft. Wenn die Suche erfolgreich verläuft, werden die neuen Links in eine Liste eingefügt um danach vom Spider durchsucht zu werden. [32]

Inverser Index: Der Inverse Index durchsucht die Liste mit Schlüsselwörtern im Falle einer Abfrage bzw. Suche eines Users über die Suchmaschine. Dem User werden vom Inversen Index als Produkt Seiten geliefert, welche die gesuchten Schlüsselwörter enthalten. [32]

Relevanzbewertung (Rankingalgorithmus): Die Aufgabe dieses Teilsystems wird darin definiert, dass sie dem User eine, nach Beendigung der Suche, gewichtete Liste liefert, welche mittels des Rankingalgorithmus errechnet und bewertet wird. D. h. durch eine höhere Relevanzbewertung wird eine Website in der generierten Liste weiter vorne angezeigt. [32]

Die Suchmaske: Die Suchmaske besteht typischerweise aus einem Textfeld, in welches der User die Suchkriterien seiner Suche eingeben kann. In den meisten Fällen besteht auch noch die Möglichkeit eine erweiterte Suchmaske anzeigen zu lassen, mit deren Hilfe man komplexere Suchanfragen definieren kann. [32]

ATTACKEN AUF RECOMMENDER SYSTEME

In diesem Kapitel werden diverse Typen und Funktionsweisen von Attacken auf Recommender Systeme vorgestellt. Folgend wird auf Abhilfemöglichkeiten eingegangen und eine kurze Darstellung der aktuellen Situation wiedergegeben. [25]

Algorithmen, auf welchen Recommender Systeme basieren, haben diverse Schwächen, wodurch es Angreifern ermöglicht wird, Attacken gegen diese zu starten. Hinter den angesprochenen Attacken stehen meist wirtschaftliche Gründe und Motivationen. Es wird versucht eigene Produkte, z. B. Bücher, Filme etc. bei Online-Stores wie Amazon.com, möglichst vielen potenziellen Kunden anzubieten bzw. sie weiter zu empfehlen. Dabei wird für ein oder mehrere Objekte/Produkte versucht, die maximale (push-Attacke) oder minimale Bewertung (nuke-Attacke) zu erreichen um verglichen zu Konkurrenzprodukten möglichst oft empfohlen zu werden. [25]

Ein User-Profil besteht aus Bewertungen für mehrere Produkte. Eine Attacke impliziert das Anlegen weiterer Profile mit falschen Identitäten, um Bewertungen und in weiterer Folge Empfehlungen zu beeinflussen. Diese Profile beinhalten die Bewertung für das Zielprodukt sowie für eine Auswahl weiterer Produkte. [25]

Abbildung 6 zeigt ein Beispiel wobei davon ausgegangen wird, dass es sich um ein simples Recommender System handelt. Aufgrund der bisherigen Bewertungen von Alice wird eine benachbarte Usergruppe generiert (User 1-7), in der User 6 dem Profil von Alice am ähnlichsten ist. Das Zielprodukt, welches vom Angreifer gepusht werden soll, ist Item 6. Ohne Attacken würde Alice für Item 6 die Note 2 erhalten d. h., dass das Zielprodukt relativ sicher nicht empfohlen wird. Mit dem Anlegen der Angreifer Profile, welche allesamt Item 6 mit der Bestnote 5 bewerten, ist

aber Profil „Attack 1" dem Profil von Alice ähnlicher, was sich in der Spalte „Correlation with Alice" ausdrückt. Dadurch wird Alice Produkt „Item 6" empfohlen. Die beschriebene Attacke wird als „push-Attacke" bezeichnet. [25]

Die Alternative dazu ist, die umgekehrte Methode, wobei Konkurrenzprodukte möglichst negativ bewertet und dem möglichen Kunden nicht empfohlen werden. In diesem Fall spricht man dann von „nuke-Attacken". [25]

	Item 1	Item 2	Item 3	Item 4	Item 5	Item 6	Correlation with Alice
Alice	5	2	3	3		7	
User 1	2		4		4	1	-1.00
User 2	3	1	5		1	2	0.76
User 3	4	2	3	1		1	0.72
User 4	3	3	2	1	3	1	0.21
User 5		3			1	2	-1.00
User 6	4	3		3	3	2	0.94
User 7		6		1	5	1	-1.00
Attack 1	3		3		2	5	1.00
Attack 2	5	1		4		5	0.84
Attack 3	5	2	2	2		5	0.93
Correlation with Item 6	0.85	-0.55	0.00	0.48	-0.59		

Abbildung 6: Beispiel einer Push Attacke mit dem Zielprodukt „Item 6" [25]

Attacken auf Recommender Systeme können nach verschieden Kriterien in diverse Typen gegliedert werden. Dabei muss beachtet werden, wie ausgewählte Produkte identifiziert werden, wie hoch der Anteil der übrigen Produkte als „Lückenfüller" verwendet und wie bestimmte Bewertungen jeder Produktgruppe zugewiesen werden. [25]

Ein Modell einer Attacke ist eine Methode zur Erstellung von Angreiferprofilen basierend auf dem Wissen über das Recommender System, dessen Bewertungsgrundlagen, über die Datenbank, dessen Produkten und / oder dessen Usern. [5]

Arten von Attacken

Random attack

Diese Attacke generiert User-Profile mit zufällig gewählten und zu bewerteten Produkten und deren Bewertungen. Mit einer Ausnahme: das Zielprodukt. Grundsätzlich ist die Implementierung dieser Attacke trivial, jedoch ist die Effektivität eingeschränkt. [25]

Die Random Attacke zählt zu den direktesten und einfachsten Attacken in diesem Bereich. Die Angreiferprofile bestehen aus l - 1 zufällig gewählten Produkten der attackierten Produktpalette. Die Bewertungen dieser Produkte basieren einheitlich und nach Zufallsprinzip auf der Bewertungsskala des Systems. Das Zielprodukt ist in diesen Profilen ebenfalls enthalten und mit der Maximalbewertung ausgestattet. In dieser und allen nachfolgenden Attacken ist l die durchschnittliche Profilgröße der echten Userprofile, welche im System enthalten sind. [13]

Average attack

Bei dieser Attacke vermuten wir, dass der Angreifer die durchschnittlichen Bewertungen im System kennt. Die Average Attacke erstellt User-Profile mit, gemessen an anderen System-Usern, durchschnittlichen Bewertungen bzw. zentralen Tendenzen. Diese Attacke zählt zu den effektiveren, jedoch wird eine genaue Kenntnis des Systems bzw. des Algorithmus vorausgesetzt. [25]

Probe attack

Wenn das Recommender System so konfiguriert ist, Bewertungsprognosen für Objekte bzw. Produkte zu generieren, können Angreifer ihre Profile erstellen und diese, mittels vom System erstellter Bewertungsprognosen, für ein bestimmtes Produktset befüllen. Diese Bewertungen sind in der Regel ähnlich jenen, die von den Usern bzw. den Mentoren abgegeben werden, und steigern dadurch die Ähnlichkeit zwischen den Angreiferprofilen sowie den benachbarten Userprofilen. [25]

Bandwagon attack

Die Bandwagon Attacke (auch Popular Attack genannt) erreicht im Prinzip ähnliche Ergebnisse und Vorteile wie die Average Attacke. Der Unterschied liegt im Wesentlichen darin, dass bei der Bandwagon Attacke kein so detailliertes Systemwissen des Angreifers benötigt wird.

Angreifer können die Popularität eines Objektes unabhängig vom Recommender System festlegen. Dadurch wird es dem Angreifer ermöglicht das angegriffene Objekt mit weiteren bekannten und populären Objekten zu verknüpfen. [25]

Segment attack

Ein Angreifer könnte an einer bestimmten Gruppe von Usern Interesse haben, z. B. einer Gruppe die an einem bestimmten Produkt/Objekt interessiert ist. In einem Online Verkaufsportal könnte man die Kunden z. B. in die Segmente: Fantasie-Literatur, Auto-Literatur und Kochliteratur einteilen. Es ist nachvollziehbar, dass der Angreifer, sein Buch „Harry Potter" nur im Segment der Fantasie-Literatur empfehlen will. Mittels dieser Attacke erhöht sich der Angreifer die Anzahl der Empfehlungen des Zielobjektes bei den Usern des gewählten Segments. [25, 5]

Die Segment Attacke gegen Collaborative Recommender Systeme besteht aus einem ganzen Paket von Angreifer Profilen. Dadurch werden die Profildaten bzw. der Durchschnitt dieser in einem Segment so stark verzerrt, dass, im Falle einer Push-Attacke, das Zielprodukt höher bewertet und dadurch öfters empfohlen wird. [5]

Reverse-bandwagon attack

Die bisher beschriebenen Attacken können soweit angepasst werden, dass sie als „Nuke"-Attacke eingesetzt werden. Reverse-bandwagon und love/hate Attacken sind speziell für „Nuke"-Attacken konzipiert worden.

Die Reverse-Bandwagon Attacke ist eine Variante der Bandwagon Attacke. Dabei werden Objekte, welche zu

negativen Bewertungen seitens vieler User tendieren, ausgewählt. Die Attacke bewertet diese Objekte sowie das Zielobjekt mit negativen Noten. Dadurch steigt die Wahrscheinlichkeit, dass das System schlechtere Prognosewerte für das Zielobjekt generiert. [25]

Love/hate attack

Die love/hate Attacke setzt wiederum Systemkenntnisse voraus. Die Attacke basiert auf Angreiferprofilen mit möglichst negativen Bewertungen für die Zielobjekte, die übrigen Objekte werden hingegen überdurchschnittlich positiv bewertet. Überraschender Weise zählt diese Attacke zu den überaus effektiven „Nuke"-Attacken im Bereich der Recommender Systeme. [25]

Perfect Knowledge Attack

Bei der Perfect Knowledge Attacke reproduziert der Angreifer alle genauen Details und Daten der Distribution inklusive der Profildaten. Mittels dieser Attacke stimmen alle verzerrenden Profile der Angreifer mit den Profilen im System überein. Dadurch werden die Bewertungen für oder gegen ein Produkt verzerrt. [4]

Gegenmaßnahmen

Da Recommender Systeme für Input geöffnet bleiben müssen, ist es sehr schwierig ein System zu designen das nicht attackiert werden kann. Deshalb ist es von enormer Bedeutung bösartige User aufzuspüren und attackierte Produkte zu finden.

Klassifizierung der Profile

Diese Methode beinhaltet das Identifizieren von suspekten Profilen sowie das Unterbinden von Beeinflussung der Empfehlungen seitens dieser Profile. Das Problem dabei ist jedoch das Definieren eines „suspekten Profils". [25] Paul-Alexandru Chirita hat mit seinen Kollegen metrische Analysen bösartiger Profile vorgeschlagen und einen Algorithmus vorgestellt wodurch solche Attacken aufgedeckt werden. [7]

Burke, Mobasher, Williams und Bhaumik untersuchten darauf hin Techniken, welche, basierend auf den Erkenntnissen von Chirita, weiter entwickelt wurden, um die vorher angesprochenen Attacken aufzuspüren. Wenn man diese Techniken zum Aufspüren der modellierten Attacken sicher anwenden kann, sind die Angreifer gezwungen weniger effektive Attacken anzuwenden. [3]

Es wurden zunächst Methoden zur Klassifizierung angewendet, durch die infizierte Profile aufgespürt wurden. Danach wurden anhand dieser Ergebnisse Statistiken berechnet. All diese Daten, auch wenn sie teilweise reduziert wurden um Rechenzeit zu sparen, plus einige der vorgestellten Angriffsmodelle wurden in ein Trainingset eingespeist. Die Ergebnisse wurden dann anhand von drei Attributen binär sortiert: [25]

- *Generische Attribute* versuchen Charakteristiken, die die Tendenz zeigen Angreiferprofile anders als echte Profile aussehen zu lassen, zu erfassen.

- *Modell-spezifische Attribute* versuchen Charakteristiken von Profilen, die von spezifischen Angriffsmodellen generiert wurden, aufzuspüren.

- *Intraprofile Attribute* versuchen Konzentrationen im Bereich der Profile aufzudecken.

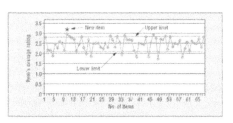

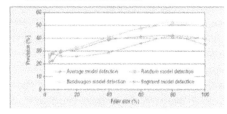

Abbildung 7: Genauigkeit modellspezifischer Klassifizierung verschiedener Angriffstypen, Angriffsgröße: 1 % [25]

Abbildung 7 zeigt die Genauigkeit der getesteten Klassifizierung, basierend auf modellspezifischen Features, beim Aufspüren von Attacken. Die allgemeinen Ergebnisse der Untersuchungen von Burke und Co. ergaben, dass diese Methoden und Algorithmen effektiv und erfolgreich zum Aufspüren von Angriffen angewendet werden können und dadurch die Stabilität von Recommender Systemen, im Falle einer Attacke, verbessert werden kann. [25]

Aufspüren von Anomalien
Eine alternative Methode beschreibt das Aufspüren von Anomalien. Diese Technik, die auf einer statistischen Prozesskontrolle basiert, soll Objekte mit suspekten Trends aufspüren und hervorheben. Die statistische Prozesskontrolle protokolliert alle Bewertungen sowie neue Produkte im System etc. Dadurch ergeben sich einen Durchschnittswerte wodurch man einen Bewertungsspielraum generieren kann. Sind Objekte über oder unter diesen Spielraumgrenzen, kann man davon ausgehen, dass es sich dabei um einen Angriff handelt. [25]

Abbildung 8 zeigt die Ober- und Untergrenze bei einer Kontrolltafel bei einer statistischen Prozesskontrolle. Ein neues Objekt wurde dabei im Durchschnitt zu hoch bewertet, das ist ein Indiz für einen Angriff auf dieses Objekt. [25]

Trotzdem haben nicht alle Objekte die gleiche Verteilung bei den Bewertungen. Z. B. können Objekte, die weniger oft bewertet wurden oder eine relativ niedrige Durchschnittsbewertung aufweisen, wesentlich leichter attackiert werden als andere. Wiederum können Angriffe auf Objekte, die schon oft bewertet wurden und eine hohe Durchschnittsbewertung haben, erheblich schwieriger aufgespürt werden. [25]

Abbildung 8: Kontrolltafel mit Durchschnittsbewertungen zu diversen Objekten / Produkten. [25]

Aufgrund der festgestellten Tatsachen wurden daraufhin mehrere Kategorien für die Einteilung der Objekte definiert:

- Niedrige Dichte, niedrige Durchschnittsbewertung

- Niedrige Dichte, hohe Durchschnittsbewertung

- Mittlere Dichte, niedrige Durchschnittsbewertung

- Mittlere Dichte, hohe Durchschnittsbewertung und

- Hohe Dichte, hohe Durchschnittsbewertung.

Objekte mit hoher Dichte und niedriger Durchschnittsbewertung wurden nicht berücksichtigt, da die gesammelten Daten mangelhafte Ergebnisse in diesem Bereich lieferten. Abbildung 9 zeigt die allgemeine Genauigkeit des Aufspür-Algorithmus für alle Kategorien in Bezug auf Push-Attacken. Die Ergebnisse deuten darauf hin, dass, wie schon gesagt, Attacken auf Objekte mit hoher Dichte an Bewertungen und hohen Durchschnittsbewertungen extrem schwierig sind. Trotz allem sind die Ergebnisse hinsichtlich der weniger oft bewerteten Objekte durchaus zufrieden stellend. [25]

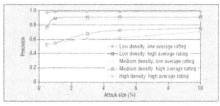

Abbildung 9: Genauigkeit für alle definierten Kategorien [25]

ATTACKEN AUF WEBSUCHMASCHINEN
Suchergebnisse kann man grob betrachtet auf zwei Arten manipulieren. Die „legale" Variante sieht vor, dass man sich bei Suchmaschinen einkaufen kann und dadurch bei gewissen, bezahlten, Schlüsselwörtern ganz vorne gereiht wird. Viele Suchmaschinen finanzieren sich zum Großteil durch diese Werbeeinschaltungen. Dabei wird aber die Validität der Suchergebnisse von den Suchmaschinen-Betreibern selbst negativ beeinflusst. Man spricht in diesem

Zusammenhang auch von interner Manipulation. Abgesehen davon, dass sie oft kaum Relevanz für die Suchanfrage besitzen, werden sie nur in seltenen Fällen entsprechend, meist aber gar nicht, als bezahlt gekennzeichnet. [21]

Abbildung 10: Die roten Rahmen zeigen Werbeeinschaltungen in Google

Neben der internen Manipulation von Suchergebnissen sind verschiedene Arten von Attacken auf Suchmaschinen bzw. auf Suchergebnisse bekannt, worauf auch das Augenmerk dieser Arbeit gelegt wird. Dabei wird aber meist nicht das System, d. h. die Suchmaschine an sich attackiert, sondern vielmehr die Website vom Betreiber soweit manipuliert und angepasst, dass sie in den Suchergebnislisten eine höhere Relevanz erreicht und besser gereiht wird. [21]

Die angesprochene externe Manipulation, auch Spamming genannt, führt zur negativen Beeinflussung der Suchergebnisse. Ziel dieser Vorgehensweise ist die Website der Angreifer bzw. Manipulateure besser und höher zu platzieren, und somit den User auf diese Seite zu lenken und die Besucherzahlen zu steigern. Viele Websitebetreiber suchen bei Search Engine Optimizers um Hilfe an, um ihre Seite im Web zu pushen. [21]

Die Grenze zwischen hilfreicher Websiteoptimierung und bedenklicher Einflussnahme auf Suchresultate ist oft fließend und wird von Suchmaschine zu Suchmaschine unterschiedlich beurteilt. Welche Maßnahmen als unzulässig betrachtet werden, lässt sich auf den Webseiten der Suchmaschinen jeweils in Erfahrung bringen. [26] Google selbst bietet dabei einige Tipps für die Optimierung einer Website an: [26]

- *Geben Sie Besuchern die gewünschten Informationen.* Es wird darauf hingewiesen, speziell auf der Startseite auf den Content zu achten, dieser soll qualitativ hochwertig sein. Das ist die einfachste, aber wichtigste Maßnahme. Begriffe, die Nutzer eingeben würden, um die Webseiten zu finden, sollen berücksichtigt und in die Website aufgenommen werden.

- *Stellen Sie sicher, dass andere Websites Links zu Ihrer Website herstellen.* Bei der Ermittlung von Suchergebnissen verwendet Google eine Kombination aus PageRank (Googles Einstufung der Wichtigkeit einer Webseite) und ausgefeilten Mechanismen zum Textvergleich, um Seiten anzeigen zu können, die sowohl wichtig als auch relevant für die jeweilige Suche sind. Google zählt die Anzahl an Voten, die eine Seite erhält, um auf diese Weise den PageRank einer Seite zu bestimmen. Ein Link von Seite A zu Seite B wird dabei als ein Votum von Seite A für Seite B angesehen. Voten von Seiten, die selbst "wichtig" sind, haben mehr Gewicht und tragen dazu bei, andere Webseiten "wichtig" zu machen.

- *Was man vermeiden sollte*, wird selbstverständlich auch beschrieben. Das Verwenden von Bildern, um wichtige Namen, Links oder wichtigen Content anzuzeigen, zählt beispielsweise zu den dont's beim Publizieren von Websites. Der Google-Crawler kann keinen in Grafiken enthaltenen Text erkennen.

Im Allgemeinen sind zwei Faktoren ausschlaggebend für die Relevanz von Seiten: *PageRank* und *HITS*. Der PageRank besteht seit ca. 1998 und spiegelt im Prinzip das Ansehen und die Relevanz einer Website wieder. Gesteigert wird der PageRank meist durch eingehende Links, d. h. durch Links, die auf die Zielseite verweisen. Der Modus von HITS wurde 1999 eingeführt und sollte die Suche entsprechender Websites in einem bestimmten Themengebiet erleichtern. Angewendet wird es aber meist im gesamten Web. Um das in den Worten von Jones zu erläutern: *„HITS assigns 'hub' and 'authority' scores to each page. A hub is a page that links to many authorities, and an authority is a page that links to many hubs. Sites often linked to (such as cnn.com) are likely to have high authority scores, while sites with often linked from (such as slashdot.org) are likely to have high hub scores. Pages are ranked by a combination of their hub and authority scores. Spammers can increase hub scores on a link farm by linking to many known authorities, and then link their (now important) hubs to a target page to make it an authority."* [18]

Arten von Attacken

Selten werden aber alle Regeln und Richtlinien eingehalten, daher wurden noch weitere Methoden zur Verbesserung von Rankings und Suchergebnissen entwickelt und erkannt.

Spamdexing / Link Spam

Links bzw. die Anzahl der Links welche auf eine Website zeigen sind für viele Suchmaschinen ein Kriterium für deren Relevanz. Dies kann durch sog. Linkfarmen, die auf diversen Fake-Sites platziert sind, besser realisiert werden. D. h. es werden Seiten publiziert, die eine Unmenge von Links enthalten und möglichst viele davon zeigen auf eine bestimmte Website. [19] Häufig ist dabei auch die Rückverlinkung auf diese Seiten, wodurch der PageRank der Fake-Site steigt. Die Link-Farmen haben in der Regel, außer den Links, keinen weiteren Inhalt, da sie allein dem Zweck eines höheren Rankings dienen sollen. Deshalb werden sie von Suchmaschinen mit Recht als Spam eingestuft. Google bezeichnet diese Art von Angriff als: artificial linkage. [26]

Link Spam bzw. Spamdexing zählt zu den häufigsten Angriffen in diesem Bereich. Dabei gibt es verschiedene Varianten: [18]

- *Outgoing Link Spam*: Diese Methode ist zwar unüblich, trotzdem wird sie in manchen Bereichen noch angewendet. Dabei werden große Mengen von Links auf bekannte externe Seiten in die Zielseite eingebunden. Dadurch wird, je nach Algorithmus der Suchmaschine, ein höherer HITS-Wert erreicht.

- *Incoming Link Honey Pot*: Manche Spammer kopieren, in der Hoffnung, dass User im Web über die Zielseite stolpern und einen Link zu dieser setzen, sinnvolle bzw. nützliche Informationen von anderen Seiten. Mit dieser Methode werden User und Inhaber anderer Seiten ganz einfach ausgetrickst.

- *Link Farms*: Die bereits angesprochenen Link-Farmen verloren durch die Einführung von PageRank an Effektivität. Es zählt zu den relativ einfachen Methoden eine Link-Farm zu erstellen, z. B. durch sog. Guestbook Links, d. h. das Posten von Links in diversen Gästebüchern, Kommentaren, Foren etc., oder durch ganz einfaches Klonen von Inhalten. Etliche Link-Farmen sind seit geraumer Zeit unter wissenschaftlicher Beobachtung und diese Untersuchungen zeigen, dass Link-Farmen zwar bei ohnehin gut gerankten Seiten eine kleine Steigerung im PageRanking verursachen können, aber kaum Auswirkungen auf Seiten, die sich im unteren Bereich von Ergebnislisten befinden, zeigen.

- *Expired Domain Purchasing*: Wenn Domainlizenzen ablaufen und diese abgemeldet werden, wird der Inhalt der Seiten normalerweise sofort gelöscht. Die Links, die auf diese Domain verweisen, bleiben jedoch erhalten. Erloschene Domains mit einem hohen PageRank oder einer hohen HITS Wertung können angekauft und als Link-Farm oder als Zielseite verwendet werden.

Keyword Spamming / Keyword Stuffing

Beim Keyword Stuffing handelt es sich um das Vollstopfen (engl.: to stuff) der Website mit Schlüsselwörtern im HTML-Code, Titel oder Text. Diese helfen den Suchrobotern die Seite inhaltlich einzuordnen, was aber unseriösen Anbietern oft die Möglichkeit bietet sich in allen möglichen Trefferlisten wieder zu finden. Die Methode sieht vor, dass wichtige Begriffe oft wiederholt werden oder Begriffe gewählt werden, die in Suchprotokollen oft

aufscheinen. [19] In der praktischen Anwendung führt das dazu, dass die Intention des Suchers und dessen Interpretation der Suchergebnissen abweicht. Insbesondere Frauennamen, ob von Prominenten oder nicht, führen oft zu Sexangeboten. Viele „harmlos anmutende" Begriffe haben im Umfeld des einschlägigen terminologischen Inventars ungeahnte Bedeutungen: „Kaviar" deutet z. B. auf „Fäkalsex" hin, das Wort „dick" hat im Englischen vulgärsprachlich die Bedeutung „Penis". [31]

Eine weitere Methode sieht das leichte Abändern von URLs vor, wodurch der User bei einem etwaigen Tippfehler auf ganz andere Angebote trifft. Z. B. verweist die Domain www.noangels.de, welche auf die Website der bekannten Girlgroup aus Deutschland deutet, auf das Angebot eines kommerziellen Anbieters und dessen „Love Calculator" (www.lovecalculator.de/?redirect=www.noangels.de). Die eigentliche Seite der Band ist unter www.noangels.tv zu finden. [26]

Keyword Stuffing wird auch in Form für User unsichtbarer, für Robots aber sehr wohl sichtbarer, Schlüsselwörter praktiziert. Text wird entweder in der Hintergrundfarbe der Website oder in nicht mehr erkennbarer Schriftgröße geschrieben oder einfach über den Rand hinaus geschoben und versteckt. [26]

Doorway Domains

Oft werden Doorway Pages (deutsch: Brückenseiten) bei Websites vorgeschaltet. Diese Seiten sind für den User nicht sichtbar, den Suchmaschinen liefern sie aber optimierte Schlüsselwörter, welche indiziert werden und für den PageRank in weiterer Folge ausschlaggebend sind. Wird das Prinzip von Doorway Pages auf gesamte Websites angewendet, so spricht man von Doorway Domains. [26]

Die Weiterleitung passiert meist mittels des Meta tags: refresh. Anspruchsvollere Methoden beinhalten Umleitungen mittels JavaScript, PHP oder anderer Scriptsprachen. [18]

Cloaking

Jedem User dürfte schon aufgefallen sein, dass beim Suchen bzw. Durchforsten von Suchergebnissen Seiten vorgeschlagen und präsentiert werden, die nicht im geringsten Ansatz die Suchwörter beinhalten. Dieses Phänomen beruht auf dem Angriff „Cloaking". Ähnlich wie bei den Doorway Pages können User eine andere Seite betrachten als sie Suchmaschinen angezeigt bekommen. [26]

Das Prinzip bzw. die Arbeitsweise dahinter sieht so aus, dass der Server erkennt, ob die Anfrage von einem Browser, d. h. User, gestellt wird oder sie von einer Suchmaschine in Form von Crawlern etc. kommt. Dem entsprechend liefert der Server dann die geforderte Seite. Es kann sogar zwischen Crawlern verschiedener Suchmaschinen unterschieden werden. [21] Ermöglicht wird Cloaking dadurch, dass jeder Zugriff mittels „User-Agent"-Daten oder IP-Adresse registriert wird und man anhand dieser erkennen kann ob es sich dabei um einen Bot, Crawler oder normalen User handelt. Googles Spider wird aktuell sogar als GoogleBot/2.1 identifiziert. [18]

Mit diesem Verfahren können User mit grafisch und optisch aufwendig gestalteten Seiten bedient werden, wobei Suchmaschinen Seiten geliefert bekommen, die mit Schlüsselwörtern optimiert und manipuliert sind, wodurch das Ranking wieder beeinflusst werden kann. [26]

Cloaking kann jedoch auch legal angewendet werden, um Suchmaschinen zu unterstützen, z. B. um Seiten ohne ladezeitintensive Formatierungen mit korrektem Inhalt zu beliefern. [18]

Pagejacking
Unter Pagejacking versteht man das Kopieren und neuerliche Veröffentlichen einer erfolgreichen und hoch gerankten Website. Dadurch erwarten sich die Angreifer ebenfalls hohe PageRanks. Der User wird mit den gefälschten Inhalten angelockt und sofort zur Zielseite weitergeleitet. Diese Methode wird oft von Erotik- und Pornoseiten angewendet. Grundsätzlich wird mit Pagejacking in den meisten Fällen gegen das Urheberrecht verstoßen. [26]

Anchor Text Spam
Suchmaschinen indizieren ausgehende Links zu Websites als Teil der Zielwebsite, da der Link oft den Inhalt oder die Art der Zielwebsite beschreibt. Anchor Text Spam muss aber nicht zwangsweise korrekte Informationen über die Zielseite liefern. Links werden meist ohne die Kooperation mit den Zielseiten gesetzt. Das Anwenden dieser Methode wird auch als Google-Bombing bezeichnet und erweckte erstmals 2005 mediales Interesse. [18]

Gegenmaßnahmen
Aufgrund der immer höheren Zahl von Angriffen auf Suchmaschinen in Form von Web Spam und ähnlichem, haben viele Forscher ihre Aufmerksamkeit der Aufdeckung dieser Attacken gewidmet. Viele der aktuellen Untersuchungen haben sich zum Ziel gesetzt diese Angriffe zu beseitigen. Das erklärt auch, warum diese Algorithmen oft die Grundlage populärer Suchemaschinen bilden. [18]

Statistische Erkennung
Fetterly, Manasse und Najork veröffentlichten 2004 in ihrer Studie über die statistische Analyse zur Ermittlung von Web-Spam-Webseiten eine Liste mit Attributen, welche in den angesprochenen Seiten oft vorkommen. Diese Liste wurde anhand aufwendiger statistischer Analysen an mehreren Millionen Webseiten generiert und lieferte folgende Indikatoren von Spam-Seiten: [8]

- Eine hohe Anzahl von Punkten, Strichen (Bindestriche) und Nummern in der URL.

- Eine hohe Anzahl von Hostnamen die dieselbe IP-Adresse auflösen.

- Unverhältnismäßig viel eingehende und abgehende Links auf einer Seite.

- Große Pakete mit Seiten, deren Inhalt kaum variiert.

- Inhalt der auffällig unterschiedliche Ladezeiten benötigt, wenn man die Seite lädt, weist auf dynamische Generierung unabhängig von der gewählten Seite hin.

Diese Ergebnisse wurden zur allgemeinen Wahrscheinlichkeitsberechnung von Web-Spam-Seiten herangezogen. Fetterly, Manasse und Najork schätzten die Erfolgsquote der aufgespürten Spam-Seiten, in ihrem Untersuchungsumfeld, auf ca. 50 %. D. h. sie behaupten mit ihrer Methode, die Hälfte der Spam-Seiten herausfiltern zu können. Die Fehlerquote lag bei ca. 14 %. [18]

Graph Based Detection
Wu und Davison empfahlen 2005 eine Technik zur Aufspürung und Bestrafung von Linkfarmen. Diese Technik soll Bereiche mit hoher Vernetzung im Web mittels Web Graphen identifizieren und die Gewichtung der Links bzw. Verbindungen reduzieren. Jedoch hatte diese Methode Schwächen in Bezug auf Linkfarmen mit einer hohen Anzahl von doppelten Knoten, welche alle auf ein Ziel zeigten. Außerdem könnte diese Methode Systeme bestrafen, die legal über eine hohe Vernetzung verfügen wie z. B. News-Networks etc. Dafür wurde das Führen einer Whiteliste angedacht. [34]

Gyöngyi, Garcia-Molina und Pedersen erkannten die Möglichkeit einer Methode zur Identifizierung von vertrauenswürdigen Seiten. Zunächst wurden User gebeten einige vertrauenswürdige Seiten zu identifizieren. Danach sollten sie Webseiten unter Berücksichtigung der vertrauenswürdigen Seiten bewerten. Daraus errechnete man dann den PageRank. [10]

Einen etwas anderen Lösungsansatz lieferten Metaxas und DeStefano mit dem Vergleichen von Web Spam und gesellschaftlicher Propaganda. Ihre Methode benötigt zunächst einen menschlichen User zum Finden einer vertrauensunwürdigen Seite. Ausgehend von dieser Seite wurden eingehende Links verfolgt und im Falle, dass die folgende Seite die erste Seite in Form von Links unterstützt, wurde auch diese als vertrauensunwürdig eingestuft. [22]

Comment Spam Detection
Beliebte Blogs im Internet versuchen den Spam durch Kommentare bzw. Gästebucheinträge zu unterbinden indem sie diese Art von Kommentaren einfach verhindern. Manche Seiten verlangen eine Userregistrierung, machen ein Blacklist Filtering oder unterbinden HTML komplett. Diese Strategien helfen aber nur kurzfristig und reduzieren meist die Funktionalität der Seiten. [18]

Mishne, Carmel und Lempel schlugen in ihrer Studie *Blog Spam with Language Model Disagreement* vor, das Sprachenmodell des Blogs mit dem Sprachenmodell der

Kommentare zu vergleichen um so möglichen Spam zu identifizieren. Ein Sprachenmodell sollte dabei die Wahrscheinlichkeit von Wörtern in einem bestimmten Text darstellen. Mit dem Sprachenmodell der Originalseiten kann eine Wahrscheinlichkeit der vorkommenden Wörter für die Kommentare berechnet werden. Wenn diese Quote zu niedrig ausfällt, beziehen sich die analysierten Kommentare kaum auf den Inhalt der Seite und werden als Spam identifiziert. Trotz der relativ geringen Tests, waren die Ergebnisse vielversprechend. Notiert wurden einige wenige inkorrekte Klassifikationen, welche sich aber meist auf sehr kurze Kommentare bezogen. [24]

Aufspüren von Cloaking und Redirection
Das Aufspüren von Cloaking ist relativ schwer. Selbst wenn wir wüssten, dass eine Website zwischen zwei Seiten wechselt, muss das noch lange nicht Spam sein. Es könnte sich um eine dynamische Website handeln. Wu und Davison verglichen Websites mit vier verschiedenen Crawlern. Zwei Crawler wurden als normale Webbrowser konfiguriert, die anderen zwei berichteten dem Server hingegen als standardmäßige Suchspinnen. Dabei wurden Unterschiede bezüglich der auf den Seiten enthaltenen Links und Schlüsselwörter berechnet und festgehalten. Ihr Algorithmus schien effektiv zu sein, jedoch vermerkten die Autoren, dass es sehr schwierig sei, zwischen bösartigem und legalem Cloaking, das aufgedeckt wurde, zu unterscheiden. [33]

Des weiteren wurden die Umleitungen in den Daten untersucht, wobei erkannt wurde, dass die Browser Daten mehr Umleitungen beinhalteten als die Crawler Daten, was darauf hindeutet, dass manche Seiten Cloaking implementieren um Umleitungen zu verbergen. Auf die Vermutung der Autoren hin, dass Seiten mit unmittelbarer Umleitung eher Spam sind als Seiten wo Umleitungen eher verzögert passieren, wurden die Umleitungen wieder in bösartig und legal getrennt. Dabei entstand das nächste Problem: Manche Seiten ermitteln den Browsertyp um dann auf die browseroptimierte Seite weiterzuleiten. In den Tests wurde Cloaking, das auf der IP-Adresse basiert, nicht berücksichtigt. Die Studie lieferte allerdings eine brauchbare Einsicht in die Schwierigkeiten in diesem Bereich. [33]

Geheimhaltung
Suchmaschinen veröffentlichen nicht alle Details, die ihre Such- und Rankingalgorithmen betreffen, einerseits aus wirtschaftlichen Gründen anderseits um die Ausnützung ihrer Suchmaschine zu vermeiden. Sicherheit durch Geheimhaltung ist zumindest eine Möglichkeit, den Fortschritt der Angriffe zu bremsen, jedoch ist es keine Lösung des Problems. [18]

KOSTEN-NUTZEN ANALYSE
In diesem Kapitel soll eine durchgeführte Kosten-Nutzen Analyse betrachtet werden. Es wird auf die Untersuchungen von Neil J. Hurley, Michael P. O'Mahony und Guenole

C.M. Silvestre vom University College in Dublin Bezug genommen.

Wie schon vorher genannt, kann man bei Recommender Systemen die User in drei Gruppen teilen: *End User, System owner, External interested parties.*

In der vorliegenden Kosten-Nutzen Analyse wurde speziell die dritte Gruppe, *External interested parties*, beleuchtet, welche durch push- oder nuke-Attacken, das Ziel verfolgen das eigene Produkt zu fördern bzw. Konkurrenzprodukte zu degradieren. Dabei setzen wir voraus, dass die Angreifer keinen direkten Systemzugang bzw. Datenbankzugriff haben. [13]

Kosten-Nutzen Vergleich
Die Kosten-Nutzen Analyse ist eine weit verbreitete Technik und ein Hilfsmittel in betriebswirtschaftlichen Fragen und Entscheidungen. Das häufigste Instrument dabei ist das ROI – Return-on-investment. Das ROI soll die Rendite des eingesetzten Kapitals messen und bezieht sich dabei auf die Erträge aus dem eingesetzten Kapital. [28, 13] Das ROI wird grundsätzlich aus folgender Formel abgeleitet: (Gewinn – Kosten) / Kosten. [13]

Beim Berechnen, Analysieren und Messen der Kosten und des Nutzens von Recommender Systemen sind bestimmte Kriterien zu beachten: [13]

- *Größe der Attacke.* Gesamtanzahl der abgegebenen Bewertungen während einer Attacke.

- *Finanzkosten.* Monetäre Kosten, die mit den Bewertungen in Verbindung stehen: z. B.: Angreifer müssen zu Beginn einen Artikel kaufen, um eine Bewertung abgeben zu können.

- *Technisches Wissen und Kennen des Systems.* Fundiertes Wissen über Algorithmen des Systems steigert die Effizienz und den Erfolg von Angriffen.

- *System Schnittstelle.* Z. B. erhöhen Anti-Automatisierungs-Techniken den Zeit- und Arbeitsaufwand von Angriffen.

- *Allgemeine Anforderungen.* Hard- und Software, umfangreiches IT-Wissen, etc.

Die betrachtete Kosten-Nutzen Analyse wurde für Empfehlungssysteme in Form von Top-N Listen für Produkte durchgeführt. Das bedeutet, dass eine Top-N Empfehlungsliste für einen aktiven User erstellt wurde, wobei der Algorithmus alle Objekte der Mentoren sammelt um ein Kandidatenset zu generieren. Objekte, welche vom aktiven User bereits bewertet wurden, werden nicht berücksichtigt. Für alle übrigen Objekte wird eine Bewertungsprognose erstellt. Diese Objekte werden dann anhand dieser Prognose vom System bewertet und in Form der Top-N Liste angezeigt. [13]

Das Kosten-Nutzen Modell
Das ROI wird aus der Steigerung des Profits im Zusammenhang mit den verkauften Produkten berechnet.

Um diese Steigerung korrekt zu berechnen sind aber eine Menge Käufer-Informationen notwendig. Da viele dieser Informationen für die Berechnungen in diesem Projekt nicht verfügbar waren, wurde ein einfaches Model mit den benötigten Informationen und Wahrscheinlichkeiten geschätzt und festgelegt. Viele Faktoren hängen davon ab wie bzw. für welchen Artikel sich ein Käufer im Endeffekt entscheidet. Recommender Systeme haben allgemein nur teilweise Einfluss darauf. Diese Tatsache wurde vom Forschungsteam ebenfalls in einem Parameter festgehalten und als Wahrscheinlichkeit dargestellt. Genauere Daten zum Kosten-Nutzen Modell sind bei [13] ersichtlich.

Strategien und Annahme

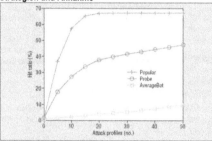

Abbildung 11: Verschiedene Angriffsstrategien und ihre Trefferquoten im Vergleich zur Anzahl der Angriffsprofile [13]

Im Rahmen dieser Untersuchung wurden verschiedene Angriffsmodelle bzw. -strategien verglichen um festzustellen, welche davon die effektivsten im Bezug auf das ROI sind. Angenommen wurde, dass die Angreifer hohe Kenntnisse über die Popularität und Durchschnittsbewertungen der Produkte hätten, und dass diese ihre Kenntnisse zum Anlegen der Profile einsetzen könnten. Definiert wurden l als Angreiferprofilgröße, r_{max} und r_{min} als höchst- und mindestzulässige Bewertungen. Alle Profile enthielten das Zielprodukt und bewerteten dieses mit r_{max}. Es wurde angenommen, dass nur Integer-Werte als Bewertung zulässig sind. [13]

Data set	No. of users	No. of items	No. of ratings
d_1	1.429	3,266	200,042
d_2	2.665	3,454	400,084
d_3	4.082	3,575	600,126
d_4	5.400	3,662	800,168
d_5	6.040	3,706	1,000,209

Abbildung 12: Testdatensätze [13]

Beobachtet wurden die Popular, Probe und AverageBot Attacken. Alle drei Strategien können die Trefferquote für das Zielprodukt erhöhen. Abbildung 11 zeigt die Resultate der Attacken, d. h. je mehr Angriffsprofile eingespielt wurden, desto mehr Treffer gab es für das Zielprodukt. [13]

Aufgrund der Ergebnisse, welche in Abbildung 11 abgebildet sind, wurde die Popular Attacke und damit das erfolgreichste Angriffsmodell für weitere Berechnungen und Analysen herangezogen. Anhand dieser Daten wurden für weitere Berechnungen 5 verschiedene Daten Sets (Abbildung 12) mit verschieden Werteinheiten gebildet. Es wurde angenommen, dass alle Produkte im Testverfahren dieselben Preise haben. [13]

Abbildung 13 veranschaulicht die Ergebnisse der Untersuchungen, die sich großteils durch fast lineare Steigerungen von Verkaufszahlen im Vergleich zu den dadurch anfallenden Angriffskosten auszeichnen. Die angenommenen Kosten pro Produkt wurden mit US$ 1 festgelegt. [13]

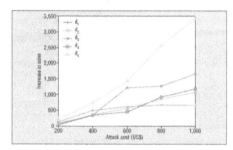

Abbildung 13: Erwartete Steigerung von Verkaufszahlen im Vergleich zur Steigerung der Angriffskosten [13]

Interpretation der Ergebnisse
Es ist gefährlich, große Schlüsse aus diesen Testergebnissen zu ziehen. Es handelt sich bei den Testdaten und Ergebnissen lediglich um einen relativ kleinen Test mit einer beschränkten Anzahl an Usern, Produkten und Transaktionen. Des Weiteren wurden nur geringe Variationen im Userverhalten und in den Transaktionen berücksichtigt. Man kann diese Ergebnisse nicht 1 zu 1 auf die reale Welt übertragen, da das Testmodell auf mehreren unabhängigen Behauptungen basiert. Die reale Welt bzw. reale Recommender Systeme sind unter anderem vom Bewertungsverhalten der User abhängig. Unter gewissen Gesichtspunkten könnte diese Berechnung maximal für die Veranschaulichung eines Worst-Case-Szenarios heran gezogen werden. [13]

FAZIT UND AUSBLICK
Ohne Zweifel werden Empfehlungen in all den angesprochenen Bereichen der IT (Einkaufen bei Amazon.com, Musikdownload bei iTunes oder die alltägliche Informationssuche über Google, Yahoo, MSN oder das neue 123people.com) täglich wichtiger und daher auch immer mehr gefordert. In all diesen Bereichen herrscht ein Überangebot an Informationen und Produkten und ohne diverse Filter und Personalisierungen dürfte die

Suche nach dem gewünschten Artikel weitaus länger dauern als uns lieb ist.

Bei den Recommender Systemen sieht man, dass sie enorm wichtig sind, jedoch noch nicht den gewünschten Reifegrad hinsichtlich Sicherheit und Korrektheit erreicht haben. Allein die Tatsache, dass man zu diesem Thema relativ schwer passende und qualifizierte Literatur findet, zeigt, dass die Entwicklung noch nicht weit genug fortgeschritten ist. Auch die Abwehrtheorien und –mechanismen bzw. das Aufspüren von Attacken ist bei weitem nicht ausgereift und bedarf noch einiger Untersuchungen und Forschungsprojekte. Zwar lassen die ersten Test, vor allem von Burke, Mobasher und Co. hoffen, doch ist es noch ein weiter Weg bis zu verlässlichen und idealen Empfehlungen.

Im Bereich des Informationretrieval im Internet bekommt man den Eindruck, dass die Lösungen im Bereich der Spam-Abwehr weiter fortgeschritten sind. Ein Grund dafür dürfte das Engagement der Suchmaschinen selbst sein. Diese haben im Gegensatz zu kommerziellen Recommender Systemen größtes Interesse daran, bestmögliche Resultate zu liefern, wo hingegen Betreiber von Recommender Systemen den Verkauf von Produkten als primäres Ziel definiert haben. Der Marktführer Google selbst setzt viel daran, in diesem Bereich Sicherheit und bestmögliche Ergebnisse zu liefern.

Wir dürfen in jedem Fall gespannt sein und werden in Zukunft immer öfter von Systemen dieser Art und deren Problemen hören und lesen.

QUELLEN

1. Birkukov Alexander, Blazieri Enrico, Giorgini Paolo, Implicit: An Agent-Based Recommendation System for Web Search, Department of Information and Communication Technology, University of Trento, Italy, (2005), 618-624

2. Burke Robin, Hybrid recommender systems: Survey and experiments. User Modeling and User-Adapted Interaction, 2002, 331–370 in Lehmann Anja, Recommender Systems, TU Dresden, 2004 1-15

3. Burke Robin, Mobasher Bamshad, Bhaumik Runa, Williams Chad, Detecting Profile Injection Attacks in Collaborative Recommender Systems, Proc. IEEE Jont Conf. E-Commerce Technology and Enterprise Computing, E-Commerce and E-Services (CE/EEE 06), IEEE CS Press, 2006, 23-30

4. Burke Robin, Mobasher Bamshad, Zabicki Roman, Bhaumik Runa, Identifying Attack Models for Secure Recommendation, Workshop: Beyond Personalization 2005, 19-25

5. Burke Robin, Mobasher Bamshad, Bhaumik Runa, Williams Chad, Segment-Based Injection Attacks against Collaborative Filtering Recommender Systems, Proceeding of the 5th IEEE International Conference on Data Mining (ICDM '05), 2005, 1-4

6. Chen L. und Sycara K., Webmate: a personal agent for browsing and searching. In AGENTS '98: Proceedings of the second international conference on Autonomous agents, pages 132-139, New York, NY, USA, 1998. ACM Press.

7. Chirita Paul-Alexandru, Nejdl Wolfgang, Zamfir Cristian, Preventing Shilling Attacks in Online Recommender Systems, L3S Research Center, University of Hannover, Germany, (2005), 1

8. Fetterly Dennis, Manasse Mark, Najork Marc, Spam, Damn Spam, and Statistics, Using statistical analysis to locate spam web pages, Microsoft Research, Proceedings of the 7th International Workshop on the Web and Databases: colocated with ACM SIGMOD/PODS 2004, 2004, 1-6

9. Google Inc., Wie kann ich eine Google-freundliche Website erstellen?, gesehen auf http://www.google.com/support/webmasters/bin/answer.py?answer=40349&topic=8522 am 20.01.2008

10. Gyöngyi Zoltán, Garcia-Molina Hector, Pedersen Jan, Combating Web Spam With TrustRank. Proceedings of the 30th International Conference on Very Large Data Bases (VLDB '04), 2004, 1-12

11. Hennessy John L., Patterson David A.: Computer Architecture, A Quantitative Approach, Morgan Kauffmann Publishers, Third Edition, 2003 In Wörter, Florian B., Google Hacking, Seminar: Computernetzwerke (Sicherheitsfragen), Johannes Kepler Universität Linz, 2006, 1-40

12. Herlocker Jonathan L., Konstan Joseph A., Terveen Loren G., Riedl John T., Evaluating Collaborative Filtering Recommender Systems, Oregon State University und University of Minnesota, 2003, 5-53

13. Hurley Neil J., O'Mahony Michael P., Silvestre Guenole C.M., Attacking Recommender Systems: A Cost-Benefit Analysis, University College Dublin, Published by the IEEE Computer Society (2007), 64-68

14. Hurley Neil J., O'Mahony Michael P., Silvestre Guenole C.M, Detecting Noise in Recommender System Databases, UCD School for Computer Science and Informatics, University College Dublin, 2006, 109-115

15. iProspect search engine user attitudes survey. http://www.iprospect.com/premiumpdfs/iprospectsurveycomplete.pdf

16. Internet systems Consortium, Inc, Internet Domain Survey, Jul 2007, gesehen auf www.isc.org/index.pl?/ops/ds/index.php am 16.01.2007

17. Ishikawa H., Ohta M., Yokoyama S., Watanabe T. und Katayama K., Active knowledge mining for intelligent web page management, In Birkukov Alexander, Blazieri Enrico, Giorgini Paolo, Implicit: An Agent-Based Recommendation System for Web Search, Department of Information and Communication Technology, University of Trento, Italy, (2005), 618-624

18. Jones Timothy, Both Sides of the Digital Battle for a High Rank from a Search Engine, Department of Computer Science, University of Otago, Dunedin, New Zealand, 2005, 1-9

19. Kranz Kim, Hinter den Kulissen von Google & Co, gesehen auf http://www.chip.de/artikel/Hinter-den-Kulissen-von-Google-Co.-3_12880780.html am 21.01.2008

20. Lehmann Anja, Recommender Systems, Hauptseminar Multimediatechik, TU Dresden, 2004 1-15

21. Machill Marcel, Welp Carsten, Wegweiser im Netz; Qualität und Nutzung von Suchmaschinen, Gütersloh, 2003 in in Trümper Melanie, Manipulation von Suchmaschinen, Freie Universität Berlin, 2004, 1-27

22. Metaxas Panagiotis T., DeStefano Joseph, Web Spam, Progaganda and Trust, Proceeding of the 1st International Workshop on Adversarial Information Retrieval on the Web (AIRWeb), 2005, 1-9

23. Miller J.: Die rechtliche Beurteilung der Irreführung von Internet-Suchmaschinen, Eine marken- und wettbewerbsrechtliche Untersuchung des Meta-Tagging, Baden-Baden 2002, 45f in Trümper Melanie, Manipulation von Suchmaschinen, Freie Universität Berlin, 2004, 1-27

24. Mishne Gilad, Carmel David, Lempel Ronny, Blocking Blog Spam with Language Model Disagreement, Proceeding of the 1st International Workshop on Adversarial Information Retrieval on the Web (AIRWeb), 2005, 1-6

25. Mobasher Bamshad, Burke Robin, Bhaumik Runa, Sandvig J.J., Attacks and Remedies in Collaborative Recommendation, Published by the IEEE Computer Society (2007), 56-63

26. Ott Stephan A., Links & Law, gesehen auf http://www.linksandlaw.de am 20.01.2008

27. Resnick Paul, Varian Hal R., Recommender Systems, ACM, veröffentlicht 1997, 56-58

28. Return on Invsestment – Wikipedia, gesehen am 06.01.08.: de.wikipedia.org/wiki/Return_on_Investment

29. Somlo G. L. und Howe A. E., Using web helper agent profiles in query generation. In AAMAS '03: Proceedings of the second international joint conference on Autonomous agents and multiagent systems, New York, NY, USA, 2003. ACM Press. 812 - 818

30. Ungar Lyle H., Foster Dean P., Clustering methods for collaborative filtering, University of Pennsylvania 1998, 1-16

31. Volpers Helmut, Funktionsweise des Internets und sein Gefährdungspotenzial für Kinder und Jugendliche – Ein Handbuch zur Medienkompetenzvermittlung, Schriftenreihe der Landesmedienanstalt, Berlin, 2004, 71 in Trümper Melanie, Manipulation von Suchmaschinen, Freie Universität Berlin, 2004, 1-27

32. Wörter, Florian B., Google Hacking, Seminar: Computernetzwerke (Sicherheitsfragen), Johannes Kepler Universität Linz, 2006, 1-40

33. Wu Baoning, Davison Brian D., Cloaking and Redirection: A Preliminary Study, Proceedings of the 15th international conference on World Wide Web, 2006, 17-26

34. Wu Baoning, Davison Brian D., Identifying link farm spam pages, Proceedings of the 14th International World Wide Web Conference, Industrial Track, 2005, 1-10

www.ingramcontent.com/pod-product-compliance
Lightning Source LLC
LaVergne TN
LVHW042323060326

832902LV00010B/1685